Nichtraucherschutz und Förderung des Nichtrauchens

Ratgeber für Unternehmen

Peter Bußjäger & Özgen Senol

Nichtraucherschutz und Förderung des Nichtrauchens

Ratgeber für Unternehmen

Bibliografische Information der Deutschen Nationalbibliothek:
Die Deutsche Nationalbibliothek verzeichnet diese Publikation
in der Deutschen Nationalbibliografie, detaillierte bibliografische
Daten sind im Internet über http://dnb.dnb.de abrufbar

Impressum:

© Peter Bußjäger und Özgen Senol: Nichtraucherschutz und Förderung des Nichtrauchens. Ratgeber für Unternehmen, 1. Auflage 2017

Obwohl aus Gründen der Lesbarkeit im Text die jeweils männliche Form gewählt wurde, beziehen sich die Inhalte auf Angehörige aller Geschlechter.

Herstellung und Verlag: BoD – Books on Demand, Norderstedt
ISBN 9 783744 819954

Inhaltsverzeichnis

Peter Bußjäger, Özgen Senol und FUMITO

Es bringt allen Beteiligten im Unternehmen, auch für die Raucher, nur Vorteile und finanziellen Profit, wenn der gesetzlich vorgeschriebene Nichtraucherschutz mit Engagement umgesetzt wird.

Dabei können wir Sie unterstützen. Als ehemalige Raucher kennen wir beide Seiten der Front. Leider ist es manchmal eine Front, die zwischen Nichtrauchern und Rauchern verläuft. Sie verläuft auch *in* Rauchern: zwischen dem Nichtraucher im Raucher (die innere Stimme, die sagt: „es stinkt, es kostet Unsummen Geld, es ruiniert die Gesundheit ...") und dem Raucher im Raucher (die innere Stimme, die sagt: „es entspannt dich, es ist gesellig, es schmeckt ..."). Mit geeigneten Maßnahmen lässt sich die Front in eine dauerhafte – um im Bild zu bleiben – Waffenstillstandslinie verwandeln. Gestatten Sie, dass wir uns eben vorstellen:

Peter Bußjäger, 18 Jahre Raucher, Kaufmann und bei FUMITO zuständig für Organisatorisches und Werbung:

Und Özgen Senol, 16 Jahre Raucher, Psychologe, und bei FUMITO zuständig für die Seminarinhalte.

„FUMITO – Aus mit Rauch!" ist das Instrument, das bei uns zur Förderung des Nichtrauchens im Mittelpunkt steht: ein Seminar in zwei Teilen, einem kurzen mit circa 30 Minuten Dauer und einem langen mit circa sechs Stunden, inklusive der Zigarettenpausen. Man kommt als Raucher und geht als Nichtraucher. Einzelheiten dazu finden Sie unter **www.fumito.de** im Internet. „FUMITO" ist übrigens ein Wortspiel mit italienischen Vokalbeln – *fumare*, rauchen + *finito*, beendet = *fumito*!

Die Zielgruppe, für die wir diesen Ratgeber verfasst haben, sind Personalverantwortliche in Unternehmen im weitesten Sinne: Personaler, Personalentwickler, Gesundheitsbeauftragte, Sicherheitsingenieure, Betriebsräte, und natürlich die Unternehmer selbst. Nun wissen wir nicht, ob Sie, wenn Sie der Zielgruppe angehören, Raucher oder Nichtraucher sind. Sind Sie Raucher *und* Angehöriger der Zielgruppe dieses Textes, dann haben wir die Problematik mit den mehreren Seelen, die in einer Brust[1] wohnen – als Raucher wollen Sie sich nicht selbst reglementieren, als Personalverantwortlicher müssen Sie gesetzliche Vorgaben umsetzen. Sind Sie Nichtraucher, würden Sie vielleicht am liebsten weit drastischere Maßnahmen vornehmen, als es das Gesetz erfordert. Vor diesem Hintergrund soll der Ratgeber helfen, die gegensätzlichen Standpunkte zu verstehen.

Unser Standpunkt ist auf der Seite der Raucher! Wir *unterstützen* Rauch**R**, sind aber *gegen* Rauch**N**! Unsere Aufgabe ist es, dafür zu sorgen, dass Raucher das Rauchen verstehen, dann vergeht ihnen nämlich die Lust daran. Das machen wir im Rahmen unseres Semi-

---

1 Sie erinnern sich: Goethe; Faust 1, Vor dem Tor, Faust.

nars „**FUMITO – Aus mit Rauch!**" Es dauert sechs Stunden, inklusive Zigarettenpausen. Die Leute kommen als Raucher und gehen als Nichtraucher – die meisten bleiben es dann. Unsere Kunden, Unternehmen vom Handwerksbetrieb bis zum multinational operierenden Konzern, bezeichnen das Seminar als „Nichtraucherseminar". Das ist der eingebürgerte Begriff, aber er gefällt uns nicht besonders. Es kommen schließlich keine Nichtraucher, sondern Menschen, die vom Rauchen die Schnauze gründlich voll haben und am liebsten gestern damit Schluss gemacht hätten.

Gesetze, Vorschriften, gute Gründe hin oder her. Nach wie vor gibt es in vielen Unternehmen einige Hemmschwellen, das Thema aufzugreifen. Das ist aus den oben schon angeführten Gründen verständlich, außerdem kann es schwer fallen, den Sinn zu sehen. Schließlich wird sich das Thema nicht endgültig erledigen lassen, solange die Tabakwirtschaft – fast hätten wir Tabak*mafia* geschrieben, aber das geht ja nicht, weil die Bundesregierung auch dazu gehört – nicht wegen Gewissensbissen freiwillig ihr abscheuliches Tun einstellt.

Doch die Lage ist nicht hoffnungslos. Die Situation lässt sich zumindest deutlich entspannen durch ein übersichtliches Maßnahmenbündel. Es ist der Mühe wert! Denn die immensen gesellschaftlichen Kosten durch das Rauchen tragen in allererster Linie – die Unternehmen.

Rauchen und Nichtraucherschutz – die Ausgangslage

Rauchen belastet nicht nur die Raucher (obwohl die das natürlich ganz anders sehen), sondern das ganze Unternehmen. Rauchen raubt Energie: dem Raucher, weil er gegen mehr als viereinhalbtausend Gifte kämpfen muss, Ihrer Firma, weil es eine Vielzahl von Mikrokonflikten auslöst oder befeuert, die in der Summe ein gehöriges Maß an Stress bedeuten. Wir helfen Rauchern, indem wir das Rauchen erklären, und Ihnen erleichtern wir den Nichtraucherschutz, indem wir Ihnen die Raucher erklären.

Wenn Sie Unternehmer sind oder in einem Unternehmen Personalverantwortung tragen, dann müssen Sie sich auch mit diesen Fragen beschäftigen:

- ➤ wieviel bezahlte Zeit verbringen meine rauchenden Mitarbeiter mit Zigarettenpausen,
- ➤ (falls ausgestempelt werden muss) wie viel Zeit geht auf dem Weg zur Stempeluhr verloren,
- ➤ wie sehr werden die Arbeitsabläufe behindert wegen der durch Rauchen bedingten Abwesenheit vom Arbeitsplatz,
- ➤ setze ich den gesetzlich vorgeschriebenen Nichtraucherschutz richtig um,

- wie hoch sind die wegen Rauchen zusätzlich entstehenden Reinigungskosten,
- muss man Zigarettenasche als radioaktiven Sondermüll behandeln (nein: Kippendreck gehört in die graue Tonne),
- wie viele Arbeitstage sind Raucher pro Jahr durchschnittlich länger krank als nicht rauchende Mitarbeiter,
- wie kommt es bei unseren Kunden an, wenn der Monteur, der Vertreter, der Service-Mitarbeiter nach Rauch stinkt,
- wie kommt es bei unseren Patienten / Bewohnern an, wenn der Pfleger, der Arzt nach Rauch stinkt,
- wenn Rauchen eine Sucht ist, wie konzentriert können meine Raucher überhaupt die Arbeit erledigen, machen sie vielleicht mehr Fehler,
- was kostet es mich, eine erfahrene Arbeitskraft zu ersetzen (Raucher sterben tatsächlich früher oder müssen in die Invalidenrente),
- was schadet dem Betriebsklima mehr: das Rauchen oder meine erforderlichen Maßnahmen zum Nichtraucherschutz?

Normalerweise müssten Sie diesen Fragenkomplex als lästig und ärgerlich empfinden, denn alles, was mit Rauchen zu tun hat, behindert den Wertschöpfungsprozess in Ihrem Unternehmen. Aber weil Sie keine wirklich gute Idee haben, wo Sie hier einen Hebel ansetzen können, sind Sie vielleicht versucht, vor dem ganzen Elend einfach Augen und Ohren verschließen – egal, ob Sie nun Raucher sind oder Nichtraucher.

Sind Sie Nichtraucher, könnten Sie sich denken:

- ➢ solange keine Beschwerden eingehen, mache ich sowieso nichts (das ist ´Management by waiting´),
- ➢ egal, was ich mache, das Problem wird bleiben (wenn Sie das denken, haben Sie schon kapituliert!).

Im Falle, dass Sie selbst Raucher sind, geistern Ihnen zusätzlich zu diesen Fragen und Gedanken auch noch Ihre beiden persönlichen Raucher-Stimmen im Kopf herum: Die eine sagt: „Lass´ es, du verbrennst Geld, es stinkt, es könnte die Gesundheit ruinieren, sobald es mit dem Husten losgeht, muss endgültig Schluss sein, was bist du für ein schlechtes Vorbild für Kinder" und so weiter. Die zweite Stimme sagt das Gegenteil: „Rauchen entspannt dich, es schmeckt, man konzentriert sich besser, Nichtraucher sind Langweiler" und so weiter. Als Raucher stecken Sie also zusätzlich in dem Dilemma, dass Sie sowohl die Argumente für, als auch die gegen das Rauchen für richtig halten.

Aus dem eben geschilderten Raucher-Dilemma ergibt sich ein guter Ausgangspunkt für alle weiteren Überlegungen: Raucher stimmen *beiden* Seiten zu, sie bewerten sowohl das Rauchen, als auch das Nichtrauchen als richtig. Sie werden kaum einen Raucher finden, der nicht zustimmen würde, dass Nichtrauchen auch für ihn selbst die bessere Variante wäre. Darauf lässt sich aufbauen!

Werfen wir nun einen Blick auf die Nichtraucher. Ist es wirklich nötig, sie speziell unter Schutz zu stellen? Oder ist das eine völlig überzogene Forderung von irregeleiteten Gesundheitsfanatikern?

Ausgeatmeter Tabakrauch ist Feinstaub und enthält dieselben Gifte wie der eingeatmete. Dieser Staub ist sogar an senkrechten Wänden nachweisbar. Er wird durch Luftzirkulation immer wieder aufgewirbelt und verteilt sich gleichmäßig im ganzen Raum. Eine erhebliche Gesundheitsgefährdung ist daher gegeben. Die kleineren Auswirkungen sind Atemwegserkrankungen, schmerzende Augen, Schleimhautreizungen und ähnliche Dinge. Stärker beunruhigend ist das erhöhte Brustkrebsrisiko, dem junge Frauen ausgesetzt sind. Das Deutsche Krebsforschungszentrum in Heidelberg (DKFZ) spricht von knapp 3000 Toten jährlich in Deutschland durch Passivrauch[2]. Das klingt wenig im Vergleich zu den jährlich über 100.000 toten Rauchern, aber wie sieht es aus mit Leuten, die chronisch krank sind durch Passivrauch? Zum Vergleich: an sogenannten „harten" Drogen (Heroin, Kokain usw.) starben 2012 in der Bundesrepublik nur knapp 1000 Personen. Das gesetzlich verankerte Recht, einen rauchfreien Arbeitsplatz zu haben, ist daher mehr als billig.

Auf der anderen Seite steht Rauchern eine Zigarettenpause *nicht* zu! Rein rechtlich betrachtet, ist es Privatsache und hat daher bei der Arbeit nichts verloren. Auch nicht in den gesetzlich vorgeschriebenen Arbeitspausen, denn diese sollen der Erholung, also dem *Schutz* der Gesundheit dienen. Unseres Erachtens wird es schwierig werden, Gesundheitsschutz und Tabakkonsum unter einen Hut zu bringen. Rauchen im Unternehmen ist nur dann erlaubt, wenn es vom Arbeitgeber geduldet wird, oder wenn der Betriebsrat, sofern es einen gibt,

2 http://www.dkfz.de/de/tabakkontrolle/Passivrauchen_und_gesundheitli che_Folgen.htm

ein vollständiges Rauchverbot im Wege der Mitbestimmung verhindern kann. Ist Rauchen generell oder eingeschränkt im Unternehmen erlaubt, sollte jedoch berücksichtigt werden, dass während der oder auf dem Weg zu und von den Rauchpausen kein Schutz durch die gesetzliche Unfallversicherung besteht. Rauchen ist als Privatsache definiert. Es gibt kein Recht auf Nikotin- oder Tabakkonsum während der Arbeitszeit.

Fassen wir den Ausgangspunkt kurz zusammen:
- ➢ Raucher bewerten auch das Nichtrauchen als sinnvoll,
- ➢ ein Recht auf Raucherpausen gibt es nicht,
- ➢ Nichtraucherschutz ist sachlich gerechtfertigt.

§ 5 ArbStättV - Nichtraucherschutz

(1) Der Arbeitgeber hat die erforderlichen Maßnahmen zu treffen, damit die nicht rauchenden Beschäftigten in Arbeitsstätten wirksam vor den Gesundheitsgefahren durch Tabakrauch geschützt sind. Soweit erforderlich, hat der Arbeitgeber ein allgemeines oder auf einzelne Bereiche der Arbeitsstätte beschränktes Rauchverbot zu erlassen.

(2) In Arbeitsstätten mit Publikumsverkehr hat der Arbeitgeber Schutzmaßnahmen nach Absatz 1 nur insoweit zu treffen, als die Natur des Betriebes und die Art der Beschäftigung es zulassen.

Also wird es besser sein, Sie stellen sich dem Thema. Machen Sie sich zwei Dinge bewusst: auch, wenn Sie gegen Rauch**N** vorgehen, haben Sie die Rauch**R** zumindest teilweise auf Ihrer Seite. Und zweitens: solange der Nichtraucherschutz nicht verwirklicht ist in Ihrem Unternehmen, sind Sie angreifbar. Ein Arbeitnehmer, der sich belästigt fühlt, kann am Arbeitsgericht klagen oder Beschwerde einlegen bei der Gewerbeaufsicht.

Der Schaden für Ihr Unternehmen durch Rauchen

Die kleine Welt Ihres Unternehmens ist auch ein Abbild unserer Gesellschaft. Die Menschen, die Sie hier finden, gibt es dort genauso: lebhafte, ruhige, besonnene, mutige, vorsichtige. Alle Typen sind vertreten. Zusammengenommen tragen sie am Ende alle dazu bei, dass die Sache funktioniert, jeder wie er kann, soll oder muss. Neben den positiven Qualitäten, die Ihre Mitarbeiter einbringen, tragen sie aber auch so manchen gesellschaftlichen Ballast mit ins Haus. Das bedeutet, die groteske Auseinandersetzung um das Rauchen findet im Unternehmen ebenso statt wie außerhalb. Es muss Ihnen klar sein, dass der Zündstoff zwischen Rauchern und Nichtrauchern allgegenwärtig ist. Nichtraucher fühlen sich vom Gestank belästigt (egal ob frische Rauchschwaden, abgestandener Rauch im Treppenhaus, Rauch am Kollegen, der gerade vom kleinen Päuschen kommt, usw.), ärgern sich über Sonderrechte, die sich Raucher herausnehmen (noch nie hat jemand gesagt, er macht jetzt seine dringend nötige Nichtraucherpause), und zum Beispiel darüber, dass es erst weitergehen kann, wenn der Kollege sein Zigarettchen geraucht hat. Die tatsächliche Gesundheitsgefährdung durch passives Rauchen haben wir oben schon angesprochen.

Auf der anderen Seite wird über alle möglichen und unmöglichen Kanäle, insbesondere über Internetforen die Stimmung angeheizt: es ist die Rede von „Gesundheitsfanatikern", von „totalem Krieg gegen die Raucher", „Hetze gegen Raucher"[3] und ähnlichem Unsinn. Das drückt auf die Stimmung. Deshalb legt Rauchen einen Schleier aus schlechten Gefühlen über alle Aktivitäten, und schlechte Gefühle bedeuten Stress. Als ob es davon nicht schon genug gäbe, und nun drücken diese Kleinkonflikte um den blauen Dunst noch zusätzlich auf Leistungsbereitschaft und -fähigkeit. Unserer Meinung nach sind diese nicht messbaren Reibungsverluste sogar noch teurer, als die Kosten, die sich aus Statistiken, wie zum Beispiel zusätzliche Krankheitstage, errechnen lassen. Inwieweit Sie im Einzelfall für Ihr Unternehmen Kosten ansetzen wollen, müssen Sie selbst entscheiden. Genaue Zahlen zu ermitteln wird schwierig sein, da es dazu der Erhebung persönlicher Daten bedürfte. In der Regel werden Mitarbeitervertretungen dies nicht begrüßen. Die folgenden Posten kommen in Betracht:

Kosten für bezahlte Zigarettenpausen

Die Zigarettenpause ist eins der großen Streitthemen, wenn es um Rauchen im Unternehmen geht[4]. Ob ausgestempelt wird oder nicht! Es bleibt immer der Weg zur Stempeluhr und zurück: 2 bis 5 Minuten mal 6 pro Tag im Durchschnitt. Und was passiert, wenn ein Kollege auf Zuarbeit angewiesen ist? Am Ende dieses Abschnitts haben wir ein Rechenbeispiel von einem unserer Kunden eingefügt.

---

3 Quelle der Zitate:
   http://www.lokalkompass.de/gelsenkirchen/kultur/das-neue-
   nichtraucherschutzgesetz-oder-der-totale-krieg-gegen-die-raucher-
   d199188.html
4 Siehe IHK Ulm:
   http://www.ulm.ihk24.de/recht_und_fair_play/arbeitsrecht/Haeufig_ges
   tellte_Fragen_im_Arbeitsrecht/686656/Raucherpausen_-
   _ein_stetiger_Anlass_zu_Streit.html

Kosten für Entgeltfortzahlung im Krankheitsfall

Es gibt mehrere Untersuchungen[5] in welchen eine höhere Anzahl von Tagen der Arbeitsunfähigkeit bei Rauchern im Vergleich zu Nichtrauchern nachgewiesen wurde. Die Ergebnisse schwanken zwischen 2 und 9 Tagen.

Kosten für Vertretungen

Manche Arbeit kann mal ein paar Tage liegenbleiben, andere Arbeit nicht. Beispielsweise im Pflegebereich. Die statistisch ohnehin erhöhten Krankheitskosten, die Raucher verursachen, werden noch gesteigert durch die Notwendigkeit von Vertretungspersonal.

Verlust von Know-How

Gegen Ende des fünften Lebensjahrzehnts häufen sich bei Rauchern die Todesfälle. Können Sie alles Wissen und alle Erfahrung Ihrer Mitarbeiter sofort gleichwertig ersetzen? Das wäre ein Glücksfall.

Kosten für die Einarbeitung neuer Mitarbeiter

Wenn ein Raucher überraschend ausscheidet, werden Kapazitäten für die Einarbeitung neuer Mitarbeiter benötigt. Überstunden und zusätzliche Belastung der erfahrenen Kollegen sind die Folge.

Arbeitsunfähigkeit durch Passivrauchen

Auch wer nicht selbst raucht, kann sich Gesundheitsschäden durch Zigarettenrauch zuziehen.

---

5   http://www.raucherportal.de/kosten/pics/kosten.pdf

Wartungskosten für Rauchabzugsanlagen

Technische Einrichtungen zur Luftreinhaltung arbeiten ebenso wenig verschleißfrei, wie alle anderen Anlagen. Zusätzlich entstehen hier natürlich Energiekosten.

Hier ist noch das Rechenbeispiel zum Thema Zigarettenpause

(Diese Zahlen haben wir nicht erfunden, sie stammen von einem Unternehmen im Raum Nürnberg mit etwa 200 Beschäftigten):

Annahmen:

> ➤ Eine Minute Arbeitszeit kostet 0,40 Euro,
> ➤ ein Arbeitnehmer braucht für eine Zigarette ca. sechs Minuten und raucht jeder Stunde eine Zigarette,
> ➤ ein Jahr hat 219 Arbeitstage.

Folgende Rechnung bezieht sich auf *einen* Raucher:

Ein Raucher raucht pro Tag sechs Zigaretten und braucht dafür je sechs Minuten, das entspricht 1 x 6 x 6 Minuten => 36 Minuten. 36 Minuten x 219 Arbeitstage = 7.884 Minuten x 0,40 Euro = **3.153,60 Euro pro Jahr** für Rauchpausen, die der Arbeitgeber als Arbeitszeit bezahlt. Pro Raucher! Bei 200 Beschäftigen können wir von etwa 60 Rauchern ausgehen. Also sprechen wir hier von **189.216,-- Euro pro Jahr** nur für die Pausen.

Wie gesagt, wir halten dieses Geld nicht für den größten Schaden, sondern das Konfliktpotenzial, das im Rauchen steckt. Dennoch sollte man sich die Summen ab und zu vergegenwärtigen. Das kann einen ins Handeln bringen.

Maßnahmen zum erfolgreichen Nichtraucherschutz

Wenn Sie den gesetzlich seit 2007 vorgeschriebenen Nichtraucherschutz umsetzen wollen, stellen Sie sich am besten diese Fragen:

➢ **Zielbestimmung:** wann und wo soll künftig das Rauchen erlaubt sein; gibt es überragende Gründe, warum es ganz verboten werden muss?

➢ **Welche technischen Einrichtungen** brauchen wir, wenn wir auch künftig das Rauchen in Innenräumen erlauben wollen, welche Kosten sind damit verbunden?

➢ **Wann** soll die neue Regel zum Rauchen starten?

➢ **Wie wird die Regel mitgeteilt?** Aushänge, Schilder, Ankündigung bei einer Betriebsversammlung, Rundschreiben, Betriebszeitung?

➢ Welche **Sanktionen** gibt es, wenn die Regel nicht beachtet wird?

➢ Welche Maßnahmen bieten wir begleitend an? **Nichtraucherseminare**?

➢ Gibt es sinnvolle Maßnahmen zur **Primärprävention**?

Organisatorische Maßnahmen

Wie eingangs schon erwähnt, gibt es **kein Recht auf Rauchpausen** während der Arbeitszeit. Da beißt die Maus keinen Faden ab. Aber ein **generelles Rauchverbot** auf dem ganzen Betriebsgelände auch zu den allgemeinen Pausenzeiten wäre **in der Regel unverhältnismäßig**. Bei mitbestimmungspflichtigen Unternehmen wäre bei einem Totalverbot auf jeden Fall die **Zustimmung des Betriebsrats** nötig. Hier müssten schon besonders starke Gründe vorliegen, wie etwa Explosionsgefahr. Das gibt es, ist jedoch selten.

In vielen Fällen läuft es auf ein generelles Rauchverbot in Innenräumen hinaus, während **im Außenbereich Raucherzonen** ausgewiesen werden. Dem Grundsatz der Verhältnismäßigkeit entspricht ein Arbeitgeber, wenn er einen überdachten Unterstand für die Raucher einrichtet. Hierzu liegt ein Urteil des Bundesarbeitsgerichtes aus dem Jahr 1999 vor (Az.: 1 AZR 499/98). Wenn aber die Schwaden vom Unterstand durch das gekippte Fenster im ersten Stock ins Großraumbüro einziehen, dann wird das Häuschen wieder abgerissen werden müssen.

Soll auch in Innenräumen das Rauchen erlaubt sein, wird es kompliziert, denn **„rauchfreier Arbeitsplatz" bedeutet, dass Tabakrauch nicht sinnlich wahrnehmbar sein darf**, auch nicht kalter, abgestandener. Es gibt **Raucherkabinen**, die das leisten.

Das Basismodul eines führenden Herstellers kostet um die 5.000,- Euro. Damit können zwei Raucher gleichzeitig ihrem Bedürfnis nachgehen, ohne jemanden zu belästigen. Pro weiterem Raucher, der in derselben Kabine unterkommen soll, schlagen 500,- Euro zu Buche plus jährlich zwischen 1.000,- und 2.000,- Euro Wartungskosten. Denken Sie am besten überhaupt nicht an eine Billiglösung! Die Anforderung ´nicht sinnlich wahrnehmbar´ erfüllen nur Anlagen mit Aktivkohle und zusätzlich elektrostatisch arbeitenden Filtern. Das kostet halt.

Das wichtigste bei der Umsetzung des Nichtraucherschutzes ist die **gute Kommunikation** der neuen Regeln. Publizieren Sie

➢ klar,
➢ deutlich und
➢ freundlich!

Das geht damit los, dass sich die Geschäftsführung mit einem Rundschreiben und über alle üblichen Kanäle klar positioniert: Ab jetzt gibt es einen Nichtraucherschutz in unserem Haus und wir setzen ihn auch durch! Mit einem deutlichen **Hinweis auf die Gesetzeslage** bringen Sie zum Ausdruck, dass die Idee nicht Ihre persönliche war. **Je einfacher die Regel ist, desto besser. Gut sichtbare Schilder** sollten auf das Rauchverbot hinweisen. Zumindest bei der Erstpublikation ist auch ein Hinweis angebracht, dass Verstöße gegen die neue Regel abgemahnt werden können. Im Wiederholungsfall könnte eine **Missachtung eines Rauchverbots** sogar die **Kündigung** nach sich ziehen. Solche Fälle gibt es bereits. So viel zu den harten Maßnahmen.

Nichtraucherseminare

Es gibt auch eine weiche Maßnahme, mit der Sie sogar Vorteile erzielen können, **Vorteile für Betriebsklima und Geldbeutel: ein Nichtraucherseminar.** Die weiter oben genannten Kosten lassen sich damit auf mittlere Sicht deutlich drücken, und sofort haben Sie einen merklich positiven Effekt auf die Stimmung im Betrieb. Doch so einfach, wie es oft klingt, ist es auch nicht. Glauben Sie nicht, dass die Raucher in Ihrer Belegschaft nur auf ein solches Seminar gewartet hätten.

Und wenn, dann würden sie es kaum zugeben. Das können sie gar nicht, denn die meisten Raucher haben ab einem bestimmten Punkt in ihrer Raucherlaufbahn sowohl vor dem Rauchen Angst, als auch vor dem Aufhören. Der Punkt, an dem es ihnen unheimlich wird, ist der Moment, an dem der erste ernsthafte Versuch mit dem Aufhören scheitert. Jetzt kommt es entscheidend darauf an, den richtigen Ton zu treffen. An dieser Stelle könnten Sie zum Beispiel unserer Erfahrung Vertrauen schenken, wie eine Werbekampagne für ein solches Seminar am leichtesten gelingt.

Doch zunächst ein paar **allgemeine Infos** zu Nichtraucherseminaren. **Je weniger Einzeltermine** ein solches Seminar hat, **desto erfolgreicher** ist es. Wir – und die meisten anderen Anbieter solcher Seminare – wissen zwar, *welche* Informationen für Raucher wichtig sind, wenn sie damit Schluss machen wollen, jedoch können wir nicht wissen, auf welche Informationen die einzelnen Raucher *besonders stark reagieren*. Kommt eine solche kritische Information in Seminareinheit sieben von zehn, aber der Teilnehmer ist gerade an diesem Tag krank oder verhindert, dann sinkt die Chance, dass es funktioniert, beträchtlich. Dementsprechend sind Seminarkonzepte mit einem oder zwei Präsenzterminen vorzuziehen.

Prüfen Sie außerdem, ob das Seminar bei der ZPP, der Zentralen Prüfstelle Prävention erfasst ist. Denn nur dann wird es Zuschüsse von **gesetzlichen Krankenkassen** geben. Hier sind auf mehreren Kanälen Mittel zu finden. Entweder über die **individuelle Förderung** der einzelnen Mitglieder oder die **Betriebliche Gesundheitsförderung** nach § 20, SGB V.

Nehmen wir mal an, Sie würden sich für "FUMITO – **Aus mit Rauch!**" als **Nichtraucherseminar** entscheiden. Dann würde das Projekt so ablaufen:

Vereinbarung der Rahmendaten
> ➤ Preisvereinbarung (Eigenbeteiligungen, Zuschüsse, Stornobedingungen),
> ➤ Festlegung der Ansprechpartner und der Anmeldestelle,
> ➤ Vorgehen zur Beantragung der Zuschüsse von gesetzlichen Krankenkasse regeln (Musterschreiben),
> ➤ Terminvereinbarung für Seminar und Werbemaßnahmen.

Planung der Werbemaßnahmen
> ➤ Briefing der Multiplikatoren im Unternehmen,

- ➤ Terminveröffentlichung im Intranet / schwarze Bretter (Seminartermin minus 4 Wochen),
- ➤ Intranetpräsentation / Aushänge / Flyer (Seminartermin minus 2 bis 3 Wochen),
- ➤ 10- bis 30-minütige Infoveranstaltungen (Seminartermin minus 2 bis 3 Wochen).

Durchführung des Seminars
- ➤ Seminar FUMITO (Dauer: 6 Stunden mit Zigarettenpausen),
- ➤ Nachbetreuung der Teilnehmer über Telefon und Internet.

Nachbereitung optional
- ➤ Anonyme Erfolgsabfrage mit Postkarten (frühestens: Seminartermin plus 6 Monate).

Diese Übersicht können Sie auch von unserer Website downloaden, dann haben Sie es als praktische Tischvorlage für Besprechungen. Gehen Sie über www.fumito.de > Für Firmen, da ist es der Download am Ende der Seite.

Über Erfolg oder Misserfolg des Projekts entscheidet die **Werbekampagne**. Und da kommt es auf ein gewisses Fingerspitzengefühl an, wenn Sie die Raucher in Ihrem Unternehmen zur Teilnahme motivieren wollen. Die weit überwiegende Anzahl der Raucher hat sehr wohl den Wunsch, irgendwann damit aufzuhören, nur eben nicht gerade jetzt. Und außerdem gibt es das Risiko des Scheiterns. Leider bleiben nicht alle Seminarteilnehmer Nichtraucher nach dem Seminar. Es kann dann schon mal peinlich werden, gerade wenn ein

Teilnehmer vollmundig angekündigt hat, das Seminar besuchen und mit dem Rauchen Schluss machen zu wollen.

Uns selbst ging es auch so: Peter kam unter Rechtfertigungsdruck, nachdem er mit einem Aufhörversuch gescheitert war, den er seiner Mutter zu Liebe unternommen hatte. Ihre Argumente waren absolut überzeugend: Wenn du nicht mehr rauchst, musst du weniger Geld verdienen für´s Studium, hättest mehr Zeit zum Lernen, wärst schneller fertig damit und würdest eher einen Job haben. Das ist sicher zutreffend, aber die Methode, mit der er dann aufhörte wäre nur etwas gewesen für Masochisten: die Reduktionsmethode. Die geht so: man überlegt sich, in welchen Situationen man raucht, denkt sich etwas aus, was man in der jeweiligen Situation stattdessen tun könnte und lässt dann jeden Tag eine Zigarette weg. Nach und nach wirkt dann die „unsichtbare Hand" des Marktes. Je knapper ein bestimmtes Gut wird, um so wertvoller ist es. Wenn die letzte Zigarette dann erreicht ist, muss der Reduktionsmethoden-Aufhörer anschließend auf das verzichten, was ihm am meisten bedeutet hat. Besonders fatal ist, dass diese Herangehensweise die Zigarette auch noch aufwertet, indem sie ihr Fähigkeiten zuschreibt, die sie nicht hat. Die Frage lautete: „Was kannst du in dieser und jener Situation machen, außer zu rauchen!" Das bedeutet im Umkehrschluss, man kann dieses oder jenes tun, aber eben auch rauchen, um die Lage in den Griff zu bekommen. Drei Tage später, mit den Nerven völlig am Ende, begann Peter Zigaretten zu drehen ... die sind nicht so teuer und seiner Mutter gegenüber konnte er das Argument der Sparsamkeit ins Feld führen, um nicht ganz das Gesicht zu verlieren.

Peter und die „Reduktionsmethode": Voll an die Wand gefahren!

Özgen hatte eine Wette zu verlieren, als er sich dazu entschloss, vorerst heimlich zu rauchen. Unter diesen Bedingungen kann es zu Episoden eines überwältigenden Selbstzweifels kommen. Zum Beispiel dann, wenn man sich hinter der Mülltonne des Nachbarn versteckt, um heimlich zu rauchen – als Erwachsener mit über 30 Jahren.

Özgen und die „Nichtraucher-Wette": Voll auf Grund gelaufen!

Sie sehen hoffentlich, dass es für einen Raucher nicht ganz so einfach ist, einen ernsthaften Versuch zum Aufhören zu unternehmen. Die Angst vor dem Scheitern kann sehr lähmend sein, besonders dann, wenn schon ein Versuch gescheitert ist. Mit dieser Angst umzugehen, ist Aufgabe des Seminaranbieters. Je besser er das versteht, um so erfolgreicher wird das Projekt laufen. Überlassen Sie diesen Teil der Arbeit *auf jeden Fall (!!!)* einer externen Person. Wenn Sie sich daran selbst versuchen und vielleicht auch noch persönlich eine Bedarfserhebung zwischen einigen Türen und Angeln durchführen, können Sie nur unfreundliche Antworten erwarten.

Primärprävention

Was in Unternehmen leider nur sehr selten in Erwägung gezogen wird, sind Maßnahmen der Primärprävention im Bezug auf das Rauchen. Ein Nichtraucherseminar ist eine Maßnahme der Sekundärprävention, um die Leute zum Aufhören zu bewegen, bevor sie ernsthaft an einer typischen Raucherkrankheit leiden – womit früher oder später zu rechnen ist: jeder zweite Raucher stirbt auch daran!

Wenn überhaupt, dann gibt es Primärprävention zum Thema Rauchen in der Schule. Unseres Erachtens wäre es auch in der Lehrzeit sinnvoll, hilfreiche Informationen über Zigaretten zu präsentieren. Zumal die gängigen Medien, die in Schulen zum Einsatz kommen, eher fragwürdig sind. Diese kommen in der Regel von der Bundeszentrale für gesundheitliche Aufklärung (BZgA), und die ist nicht vertrauenswürdig. Der Bund ist nämlich der mit Abstand größte Profiteur im Nikotingeschäft. Das zeigt die folgende Tabelle über Gewinner und Verlierer im Tabakgeschäft:

Gewinner		Verlierer	
Bundes-regierung	15,0 Mrd €	Raucher	20,0 Mrd €
Tabakmultis	5,0 Mrd €	Unternehmen	schwer bezifferbar
		Gesetzliche Kranken-versicherung	24,0 Mrd €
		Nichtraucher	schwer bezifferbar
		Gesetzliche Renten-versicherung	0,0 Mrd €
SUMME	**20,0 Mrd €**	SUMME	**> 44,0 Mrd €**

Dass Raucher die totalen Verlierer sind, ist klar: sie erhalten überhaupt nichts und opfern dafür Zeit, Geld, Gesundheit, Lebensmut, Leistungsfähigkeit (auch beim Sex), fast alles eben. Vermutlich müsste der größte Betrag auf der Verliererseite bei den Unternehmen stehen, aber es gibt keine einheitliche Meinung darüber, welche Posten mit welchem Ansatz hier zuzurechnen sind. Wie es damit konkret in Ihrem Unternehmen aussieht, müssen Sie selbst nachvollziehen. Weiter geht es mit der gesetzlichen Krankenversicherung. Es ist die Rede von 2 Prozentpunkten, die der Beitrag gesenkt werden könnte, wenn es das Rauchen nicht gäbe. Das macht dann in der Summe ungefähr 24 Milliarden Euro: 24.000.000.000,- Euro. Jedes Jahr! Dann die Nichtraucher. Wenn jährlich knapp 3000 Menschen wegen Passivrauchen sterben, dann ist das auch ein Verlust. Volkswirte sprechen von „vernichteter Lebenserwartung" und bewerten sie mit grob geschätzt 35.000,- Euro pro Person[6]. Das klingt ein wenig zynisch, aber was will man machen. In diesem Zusammenhang wollen wir auch die Rentenversicherung nicht unerwähnt lassen. Anhänger des besonders schwarzen Humors argumentieren gerne, das Rauchen würde die Rentenversicherung entlasten, indem es zum ´sozialverträglichen Frühableben´ führt. Das mag für die Abteilung Altersrente zutreffen, aber sicher nicht für die Abteilung Frühinvalidität. Der Einfachheit halber nehmen wir an, die Effekte in der Rentenversicherung heben sich auf.

Vor diesem Hintergrund sind wir misstrauisch, was die Bemühungen des Bundes bei der Tabakprävention angeht. Besonders misstrauisch sind wir geworden, nachdem wir diesen Film gesehen haben: **Thank you for smoking**, bei dem Jason Reitman im Jahr 2005 Regie führte. Die Buchvorlage ist: **Danke, dass Sie hier rauchen** von Christopher Buckley. Die amerikanische Originalausgabe erschien 1994, eine deutsche Übersetzung lag 1996 vor. In seiner Satire beschreibt Buckley, wie die Tabaklobby eine 5-Millionen-US-$-Aufklärungskampagne für Kinder gegen das Rauchen auf den Weg bringt (im Film 11 Jahre später sind es dann schon 50 Millionen US-$) und natürlich bestimmt, wie sie auszusehen hat. Im Resultat ist es ein Trojaner, ein „trojanischer Rohrkrepierer" wie Buckley schreibt[7]. Was dürfen wir uns darunter vorstellen? Eine langweilige Aussage, die garantiert kein Kind oder keinen Jugendlichen hinter dem Sofa hervorlockt, und sich dann auch noch ins Gegenteil verkehrt: „Alles,

6   Nach: http://www.zeit.de/2003/24/Forum_Tabaksteuer
7   Christopher Buckley; Danke, dass Sie hier rauchen; 1996, S. 163.

was dir deine Eltern sagen über das Rauchen, ist korrekt". Damit lässt sich doch arbeiten. Gestalten wir ein wenig die Schrift, dann könnte es auch so aussehen:

Alles, was dir deine Eltern sagen über das
Rauchen, ist korrekt.

Was halten Sie davon? Wir finden es genial. Und was hat das nun mit uns hier in Deutschland zu tun? Na ja, allzu weit ist die Realität davon nicht entfernt. Legendär ist die Vereinbarung aus dem Jahr 2002 zwischen dem Bundesministerium für Gesundheit und dem VdC (Verband der Cigarettenindustrie, Vorläufer des DZV: Deutscher Zigarettenverband). Wir meinen, das war ein sehr interessanter Vorgang: der VdC *und* 6 untereinander konkurrierende Unternehmen (Philipp Morris GmbH, BAT GmbH, Reemstma Cigarettenfabriken GmbH, JT International Germany GmbH, Austria Tabak GmbH, Heintz van Landewyck GmbH) zahlen miteinander 11,8 Millionen Euro für eine Kampagne der Bundesregierung „zur Prävention des Rauchens von Kindern und Jugendlichen". Was dabei wohl herauskam? Zum Beispiel dieser Text: „Rauchen beruhigt. Stimmt: Jeder 2. Raucher braucht sich um sein Alter nicht zu sorgen. Er stirbt vorher". Sollen wir das mal gestalten? Zum Beispiel so:

Rauchen beruhigt

Stimmt: Jeder 2. Raucher braucht sich um sein Alter nicht zu sorgen. Er stirbt vorher.

Was kommt jetzt bei Ihnen an auf den ersten Blick? Sie können ja, falls Sie Lust haben, selber nachsehen. Wenn Sie Google diesen Auftrag geben: BZgA / rauchfrei / Plakate / Bilder; dann kommt bestimmt ein gutes Ergebnis. Natürlich ist die Vereinbarung zwischen der Bundesregierung und dem VdC massiv kritisiert worden, doch die BZgA hat eisern daran festgehalten. Diese 2002 entstandene Kampagne ist zwar inzwischen ausgelaufen, aber die etwas sonderbaren Medien zur Prävention des Rauchens von Kindern und Jugendlichen gibt es nach wie vor. Aktuell, Herbst 2014, hat die Basisbroschüre den Titel ´Rauchfrei durchs Leben´. Und wieder ist es ein trojanischer Rohrkrepierer. Immerhin kann sich *echte* Prävention daran orientieren: so darf man es auf gar keinen Fall machen!

Sie können sich darauf verlassen, dass *unsere* Primärprävention anders aussieht. Die Abteilung für Primärprävention haben wir BZgeA genannt: Bildungszentrale für gesellschaftliche Aufklärung. Im Internet finden Sie das unter **www.bzgea.de**. Auf dieser Website finden Sie einige Vorschläge, wie Sie unseren Ansatz unterstützen können und wir möchten Sie herzlich bitten, das zu tun. Irgendwo und irgendwie *muss* man anfangen, den Tabakskandal zu beenden!

**Vorteile, wenn Sie den Nichtraucherschutz
umsetzen und das Nichtrauchen fördern:**

- ➢ weniger AU-Tage
- ➢ weniger Kleinkonflikte
- ➢ besseres Erscheinungsbild des Unternehmens bei Kunden und Partnern
- ➢ verbesserte Arbeitssicherheit
- ➢ verbesserte Rechtssicherheit
- ➢ Erhaltung von Know-How
- ➢ verbessertes Arbeitgeber-Branding
- ➢ motivierte Mitarbeiter
- ➢ … und mehr …

Tipps und Erfahrungswerte aus der Praxis

Abschließen möchten wir diesen kleinen Ratgeber mit Tipps und Erfahrungswerten aus der Praxis. Es hat sich gezeigt, dass jedes Projekt als Einzelfall betrachtet werden muss, auch wenn unsere Vorgehensweise in weiten Teilen standardisiert ist.

Immer wieder ist Kreativität gefragt, wenn es darum geht einen Zugang zu den potenziellen Seminarteilnehmern zu bekommen. Der Standard ist hier eine kurze Ansprache im Rahmen einer Betriebsversammlung oder im Rahmen von eigens beworbenen Infoveranstaltungen. Es hat sich bewährt, die Werbekampagne nicht auf das Seminar auszurichten, sondern auf die Infoveranstaltung. Hier hat der Seminaranbieter Gelegenheit, das Vertrauen des Zielpublikums zu gewinnen. Und darum geht es. Raucher brauchen keine Predigten über die schrecklichen Folgen des Rauchens, aber genau das erwarten sie zunächst, wenn es um das Aufhören geht. Wonach Raucher dürsten ist jedoch etwas Anderes, nämlich eine Idee, wie sich die Sehnsucht nach Zigaretten (denn die erwarten sie nach dem Aufhören) beherrschen oder, im Idealfall, wie sie sich vollständig beseitigen lässt.

Aber was, wenn keine Betriebsversammlung ansteht und sich eine separate Infoveranstaltung nicht oder nur sehr mühsam organisieren ließe, zum Beispiel wegen komplizierter Schichtdienste? Eine Möglichkeit wäre zum Beispiel, einen Brief an *alle* Mitarbeiter zu senden.

Was ebenfalls immer individuell zu prüfen ist, sind die Finanzierungsmöglichkeiten. Durch das Präventionsgesetz vom 18.06.2015 stehen den gesetzlichen Krankenkassen deutlich mehr Mittel zur Verfügung als vorher.

Zu den Erfolgsaussichten bei Nichtraucherseminaren

Zusammen mit statistischen Daten über die Prävalenz des Rauchens in der Bevölkerung und Teilgruppen davon ergeben die Auswertungen unserer Seminare inzwischen ein sehr differenziertes Bild. Wir wollen daraus auch kein Geheimnis machen, aber an dieser Stelle geben wir lieber keine genaue Auskunft. Gerne jedoch in einem persönlichen Gespräch.

Unsere Zurückhaltung hier ist dem übergeordneten Ziel geschuldet, dass wir möglichst viele Raucher motivieren wollen ein Nichtraucherseminar zu besuchen. Gerne unseres, aber auch jedes andere, das etwas taugt! Wenn Raucher diese statistischen Daten im Kopf haben, dann geht schon gleich wieder das Kopfkino los. Leider hat es bei Rauchern eine pessimistisch gefärbte Brille: „Bei mir klappt´s bestimmt wieder nicht", „das glaube ich nie", und ähnliche Vorurteile kommen dann.

Also schenken Sie uns an dieser Stelle bitte einen Vertrauensvorschuss. Wir sind in der Lage, Ihnen nach Branchen, Geschlechtern und Finanzierungsbedingungen differenziert die Erfolgsaussichten eines Projektes zur Förderung des Nichtrauchens aufzuzeigen. Am besten, Sie rufen gleich mal an!

Kontaktaufnahme

Unsere Koordinaten finden Sie im Internet unter **www.fumito.de**. Wir freuen uns über Ihren Anruf:

Peter Bußjäger

Özgen Senol

Anhänge

Literaturtipps

Buckley, Christopher;
Danke, dass Sie hier rauchen; Frankfurt, 1998.

Bußjäger, Peter; Senol, Özgen;
Rauchen ist nur ein Irrtum; 2. Auflage, Feucht /
Augsburg, 2017
Nichtrauchen macht nicht dick!; 2. Auflage, Feucht /
Augsburg, 2017

In eigener Sache

Besuchen Sie uns auch auf unserer Website **www.fumito.de** .

Unterstützen Sie uns

Helfen Sie, den Wahnsinn in Schach zu halten! Fördern Sie Tabakprävention an Schulen. Wie Sie das am besten machen können, erfahren Sie auf unserer Website **www.bzgea.de**.

Rechtliche Hinweise

Copyright

Das Werk, einschließlich aller seiner Teile ist in vollem Umfang urheberrechtlich geschützt. Jede Verwertung ist ohne Zustimmung unzulässig. Das gilt insbesondere für Vervielfältigungen, Übersetzungen, Mikroverfilmungen und die Einspeicherung und Verarbeitung in elektronischen Systemen.

Abmahnung

Danke, **NEIN**! Im Sinne der Schadenminimierungspflicht und der Vermeidung unnötiger Rechtsstreitigkeiten bitten wir darum, uns **im Vorfeld** zu kontaktieren, wenn es um wettbewerbsrechtliche Probleme geht, ebenso bei evtl. Verletzungen von Rechten Dritter oder gesetzlicher Bestimmungen. Die Kosten einer evtl. anwaltlichen Abmahnung **ohne** vorhergehende Kontaktaufnahme mit uns werden mit Hinweis auf die Schadenminimierungspflicht als unbegründet abgewiesen! Auf berechtigte Forderungen werden wir eingehen, **ohne** dass es einer Aufforderung durch einen Rechtsanwalt bedarf.

Wichtige Hinweise

Hinweis zum Lesekomfort beim E-Book

Über die Autoren

Peter Bußjäger

Peter Bußjäger war 18 Jahre Raucher. Seine letzte Zigarette erlebte er nicht als wehmütigen Abschied von einem Freund, sondern als Befreiung aus einem Gefängnis. Das Buch entstand in Zusammenarbeit mit Özgen Senol, mit dem er seit vielen Jahren das Nichtraucherseminar **"FUMITO - Aus mit Rauch!"** betreibt.

Özgen Senol

Özgen Senol ist einer der erfahrensten Nichtrauchertrainer im deutschsprachigen Raum. Er hat hunderte Seminare gehalten und begeistert seine Zuhörer mit einem humorvollen und spannungsreichen Vortrag. Wie sein Co-Autor Peter Bußjäger war auch er viele Jahre Raucher. **"FUMITO - Aus mit Rauch!"** verdankt seinen Erfolg zu großen Teilen seinem Wissen als Psychologe und seinem didaktischen Geschick.